JN425158

허허로운 벌판
작은 볍씨 한 알 주워 모아 내일의 풍요로움을 기약하듯
지나는 자국마다 쌓인 삶의 사연을 담았다.

노 신 배 제2시집

# 오늘도 그 자리에서

지식과사람들

## ▮ 시집 첫머리에

허허로운 벌판
작은 볍씨 한 알 주워 모아 내일의 풍요로움을 기약하듯
지나는 자국마다 쌓인 삶의 사연을 담았다.

한 생을 사는 동안
어찌 희로애락을 비켜 갈 수 있으랴.

기쁘면 기쁜 대로, 슬프면 슬픈 대로
내 종교 네 종교의 너와 나를 모두 접고
바람이 불어오면 가슴 깃 활짝 열어 맞고
비가 오면 그 비를 맞으며
백회 깊은 곳까지 심호흡하며 몸부림치지 않았다.

공허함 속에 빠져
깊이 잠들어 있고 없음이 더는 사치뿐일 때
보이지 않는 모습, 들리지 않는 소리를
서정이란 이름으로 담았다.

그리고 이제 오늘 보이지 않고 들리지 않는
그들의 손을 잡고 수행자 능인은 설레는 마음으로
여러분 앞에 서서 진 때 가득한 누더기 옷자락을 펼치고자 한다.

2021년 5월 초하루 날에

**노 신 배**

•차례

## 3. 어디에 있는가

## 4. 세상 속으로

## 5. 꽃망울마다 사랑이

# 1
# 어머니의 눈물

# 바람 부는 날이면

낙엽새는 허공에 날고
발가벗은 가지는 홀로
낮달이 부끄럽다

소년의 떨어진 옷
무릎 사이로
바람은 졸며 숨고

민둥산 저 너머
하늘이 맞닿는 곳
흰 구름 사이로
외기러기 울며 날 때면

뒷산에 홀로 누운
아버지 생각에
어린 두 눈망울엔
이슬이 맺힌다

늦가을
바람 부는 날이면
더욱 더

※낙엽새 : 비행기

# 부모님 은혜

개울 물 흘러
바다를 이룬들

구름을 모아
하늘을 덮은들

해와 달을 삼켜
세월을 멈춘들

이 몸이 스러져
가루가 된들

흐르는 개미 눈물
흔적 없듯

부모님 은혜는
갚을 길 없다

※스러져 : 희미해지면서 사라지다. 눈이 녹아 없어지듯 사라지다.

# 어머니의 눈물

열여덟
꽃다운 나이에는 몰랐습니다

임의 존재도
사랑이 무엇인지도 몰랐습니다

첫 아이를 낳고
처음 가슴을 여는 날
해맑은 아기 눈동자에서
사랑의 참모습을 보았습니다

삶이 무엇인지
행복이 무엇인지

세월 따라
삶의 두 어깨가 무거워지고
가슴속 상흔이 깊어질수록
고뇌도 깊어만 갔습니다

하얀 머리 이마엔 잔주름
거칠어진 손마디에 쇠약해진 모습
희미한 생의 끝자락이
먼발치에서 마중 온 듯 기다립니다

몰랐습니다
정말 아무것도 몰랐습니다

사랑도 행복도 삶의 아픔도
살아온 긴 터널 끝을 바라보는 지금
두 눈에는 눈물이
뜨거운 눈물이 자꾸만 흐릅니다

이제야 알 것 같습니다
먼 산 바라보며 독백하시던
우리 어머니
어머니의 눈물을

# 바람아 쉬어라

바람아
앉아라

새색시
꽃신

꽃물 담은 치맛자락
휘감고 앉은 자리

서성이지 말고
쉬어라

쉬다 보면 가슴을 타고 흐르는
임의 자장가

어머니 품에 안겨
선하품으로 잠드리

# 산사의 밤

고요도 잠든
달빛 눈부신데
삼경의 바람은
인경을 깨운다

땡그렁 땡
땡그렁 땡

맑고 청아한
어머니 부름에
기억 속 산사의 풍경은
잠에서 깨어나고

동살은 눈 비비며
기지개로 뒤척인다

# 비새는 새벽

정적을 깨우는 비
고뇌에 찬 신음처럼
시린 눈물로 흘러내린다

지붕 틈새 파고들어
선잠을 깨우는 아픔
목마른 숲도
굶주려 누운 밭도
이름 모를 잡초도 고요한데

누가 부른 듯
누가 달랜 듯
누가 오란 듯

생명의 피처럼
젖어든다

만신창이 허물 바라보며
분주히 감싸 안은 손
행복 가득하신가 보다

목마른 어머니가
함께 누운 자리
흠뻑 젖은 땀처럼

# 꽃은

아늑한 가슴처럼
생명의 향기 담은

아픔을 어루만지는
사랑

누구나
닮고 싶고 그리운

반짝이는 별빛 같은
어머니 모습

# 회한(悔恨)

부모님 마음 속 타는 회한
너희가 아느냐 그 사랑을
살아서 다하지 못한 불효함
세상 떠난 후 가슴 치며

하늘을 우러러 뉘우치고
가신님 그리워 통곡한들
어디에 계실까 부모님의
자애로운 그 미소

그리움 사무쳐 보고파도
지나간 시간은 야속하고
무심히 흐르는 세월 속에
철 따라 계절은 바뀌는데

밤바람에 문풍지 떠는 소리는
아가야 부르는 환청인가
떠나신 임께선 무정하여
영원히 오시질 않는구나

## 1.4 후퇴

살을 에는 세풍에 밀려
어머니 품 찾아왔지만

하늘도 땅도 지쳐 울던 서울
발가벗은 채로 울며 맞던 설움

어디에 머물러야 하나
해와 달도 숨어 적막한데

잠든 아기 쌔근거림에
바람마저 숨어 고요하다

이러매 꿈을 가질 수밖에
따뜻한 봄꽃 피는 날

# 어머니 2

하늘이 멈추고
해와 달이 빛을 잃던 날
세상이 멎어
눈물도 끓다 마르고

옷깃 여민 꽃 가슴엔
한숨 소리 깊은데
저잣거리 웅성임이
깊은 시름 깨운다

빛 잃은 초점에 비친
반짝이는 별빛 아플까
두 팔 벌려 품어 안고
소리 없이 흐느끼던 어머니

자애롭던 모습은
달빛 그림자로 잠드는데
눈물 삼킨 아린 가슴은
칠흑 숲을 헤맨다

# 고향 가는 길

비탈진
푸서리 길에
홀로 핀
참나리꽃
고향의 향기 가득
지나는 길손
가슴을 파고든다

앞산
새들의 노래
멀리 개 짖는 소리에
누이의 미소
어머니의 따사로움이
어서 오라
반긴다

# 엄마 꽃

한 송이
엄마 꽃이 피던 날
하늘도 땅도 울었지

심장의 박동 뛰는 소리에
울 엄마는
생과 사를 헤맸지

엄마 꽃이 피어나던 날
이 몸은
세상에 낳지만

어여쁘신 울 엄마
우리 엄마

이제는 시들은
하얀 꽃 한 송이

엄마 꽃이 가엾어서 어쩌나

엄마 꽃이 지고 나면 어쩌나

# 그리움

아버지가
너무 보고 싶어
여명에 가슴을 묻고

어머니가
너무 그리워
눈물 젖은 달빛 안고 운다

이루지 못한
소박한 꿈들은
별빛 엮어
눈 깜박임으로 묶어놓고

낙엽 지고
하얀 눈 내리는
산길 지나
새봄 눈을 뜨면

따사로운 봄빛
정 묻은 가슴에 안겨
한없이 울고 싶다

# 개펄의 하루

천년의 아픔이
눈물 굳어 쌓인 땅
부챗살 고운 빛 타고
갯바람 불면

깨다시꽃게는
살며시 자진 옆걸음으로
엄마 찾아 나선다

산을 안고 춤추는
검푸른 물결은
저만치에서
시간을 재촉하고
뻘배는 신이 나서
동서남북에 분주하다

천근의 자국마다
서린 사연 젖어 들고
만신창이 된 함지에는
아기 울음 가득한데
지친 노을도 한 서러워
눈시울 붉히며 돌아선다

※깨다시꽃게 : 절지동물 십각목 꽃게과의 갑각류.

# 석양빛 비녀

미로 속에 감춰진
그늘진 삶은

얼룩진 눈물
한 움큼 감아 안는다

당신을 향한 그리움
애타는 마음

하얀 눈물
바다를 이룬다 해도

놓지 못한 끈
목울음으로 통곡한다

석양빛 비녀가
너무 슬퍼서

# 까치밥도 밥이기에

무 배추 시래기 한 무더기 깔고
보리쌀 백미 한 홉으로 밥을 한다

세 살 여동생 쌀밥
여섯 살 남동생 쌀 보리밥 섞고
아홉 살 남동생 시래기의 보리밥
어머니와 나는 시래기뿐이다

굶기를 밥 먹듯 한
열두 살 소년에게
늦가을
어머니 손에 붉은 까치밥은

바라볼수록
침샘 가득 입맛을 재촉하고
흔들리는 가지 위에 살포시 내려앉은
까치가 먹는 홍시를 함께 먹는다

초겨울 바람
추위에 떨지만
배고픈 소년에게는
까치밥도 밥이기에
여린 나뭇가지에 앉은 까치가
가슴 저리도록 부럽다

# 어머니의 다듬이 소리

따그 닥딱 따그 닥딱
따그 닥딱 따그 닥딱

부모님 향한
효행의 소리

임을 위한
내조의 소리

자손을 위한
사랑의 소리

당신을 위한
삶의 소리

따그 닥딱 따그 닥딱
따그 닥딱 따그 닥딱

한평생 시집살이 심장 아린
울 어머니 목울음 소리

# 장갑

하얀 추억 잠든 논
팽이치기에
시리다 지쳐 언 손

친구에게 질세라
팽이채는 더욱 힘차게
바람을 가른다

콧물 눈물에
목 안을 파고드는
칼바람

냉기로 굳은 손에
소리 없이 다가온
어머니의 따뜻한 사랑

열 손가락 넘어
손목까지
포근한 가슴으로 품어 안는다

하얀 추억이 잠든 논
팽이치기에
시리다 지쳐 언 손을

# 삶의 여행

엄마 꽃향기에 취해 잠든 자리
사계(四季)에 안겨
시간 타고 간다

영혼의 옷자락 날릴 때마다
시려 물던 사연
깊은 상처는 차창 밖 바람에 흩는다

세월에 묻어 흐르는 공간
생의 길을
해와 달 낮과 밤도 함께 간다

하얀 머리에 늘어난 주름
안개 자욱한
호수 같은 눈동자

실 햇살 깜박임에
내일을 향한 희망 가득한
삶의 여행

※시려 : 차가운 것에 닿아서 춥고 얼얼한 것.

# 2
# 구름 너머 저 멀리

# 마음 그릇

허공이 걸림 없어
자유로움을 모르고

채움의 몸부림에
바늘 끝 된 마음

파란 하늘에도
먹구름이 춤추고

아름다운 꽃망울엔
눈물이 맺힌다

시시때때로
부는 바람과

하늘땅은
쳇바퀴로 구르는데

달빛 그림자 두려워
몸을 숨기고

아기 모기 비상 소리에
천길 절벽 비명 소리 가득하다

# 독백(獨白)

잠든 영혼을 깨우는
작은 울림

마음속의
아픔을 토한다

홀로 되뇌는
침묵의 소리

가슴속을 비우는
그 소리 정겹다

# 산행(山行)

한 발짝 뛸 때마다
삶 녹아 잠든 추억을 깨운다

오랜 정적
기억 속 걸어온 발자취가
옷깃 잡고 속삭인다

힘들고 괴로웠던 일들
헉헉거리는 숨이 가슴 치며 울어도

정상을 향한 기대는
행복 가득한 일깨움의 전진이다

마음 감춘 미소로 반겨 맞는
산봉우리에 서서

함께 오른 상념들을
허공에 던진다

구름 너머
저 멀리

# 흘러간 세월

하얀 은빛 속 맑은 물은
닫힌 마음 녹아내리고

햇살 감싸 안은 훈풍에
보슬비 스며들어 새싹 움튼다

뜨고 지는 해와 달
산천은 푸르더니
곱게 물들어 누운 자리

함박눈 소리 없이
추억 안고 내려
얼굴에는 주름만 선명하다

# 내 고향 김천

황악산 먹구름
고성산에 앉아
육칠 년 모진 가뭄
단비 되어 내리고

직지 감천 흐르는 물은
목마른 가슴 적실 때

원곡 양지마을
정겨운 초가는
먼 길 떠나온 영혼
토닥이며 달래는데

별빛 쏟아지는
타향에서
길손은 홀로
외로움 안고 운다

※원곡 : 경북 김천시 부곡동 속칭 원골마을의 원명.
※고성산 : 경북 김천시 부곡동 원곡 마을에 있는 산 이름.

# 공항 대합실

아련한 추억
가슴에 담고
촉촉이 젖은 사연으로 모였다

낯선 곳
바람 타고
떠날 준비 바쁘다

마음 머무는
사랑이 가득한 곳
아름다운 꽃 피울 자리

석양빛 시들어도
오고 가는 정으로 분주하다
공항 대합실

# 비행기

새 한 마리
미풍에 잠든
몸과 마음도 함께 난다

바람은 선잠 깨어
심술보를 편다

그리움 한아름 안은
따사로운 사랑
미래 실은 희망의 노래

오늘도 내일도
아름다운 꿈
가득 싣고 난다

# 시(詩)의 꿈

하늘을 삼킨 미지의 세계
은하의 꿈 내려앉는다

티끌만큼도 빈틈없이
형형색색 별빛을 심는다

틈새 바람도 하모니를 이루고
마음의 꽃향기는 피고 짐에 자유롭다

넘쳐흐르는 마음속 혼탁함은
넓은 가슴으로 달래 안는다

모진 사연 접어둔
분주한 손놀림으로

# 창밖을 바라보다가

흔들리는
희망

훔쳐보는 눈빛이
부끄러워

어여쁜 새악시
볼처럼

틈새 햇살은
담홍색 물결로 춤춘다

내일은
손 내밀어 잡아야겠다

춤추는
희망 꽃 한 송이

# 추억(追憶)

생의 길 소풍 나와
바람 타고 흐른 굴곡진 세월

겹겹이 쌓인 빛 바란 장이
미로처럼 알 수가 없고

질곡의 삶은
아침이슬 안개등에 업혀
억새 속삼임에 귀 기울이고

가슴 속 사연들은
빨간 낙엽 손잡고
허공을 난다

# 나그네

땅거미 삼켜 짙은
푸서리 고갯길에
잿빛 가슴 늘어진 옷고름
내기바람에 흔들리고

지나는 자국마다
천근 사연 서러움에
외로운 조각달은
산마루에서 손짓하네

아 이 밤 지나 새날이 오면
어디로 가야 하나
끝없는 나그넷길
낙엽 한 잎 벗이로다

※내기바람 : 산비탈면을 따라 내리 부는 무덥고 메마른 바람.

# 기다리는 임

밤하늘
고이 잠든
별

너무 멀어
만날 수 없는 임

풀끝에 안겨
새벽을 여는
이슬처럼

찰나의
삶으로
무한년을 기다린다

오늘도

# 무엇을 얻기 위해

먹고 싸고 잠자고
놀면서 일하고

보이지 않는 내일은
서글픈 미소 짓는데

다람쥐 쳇바퀴 돌 듯
시계바늘처럼

날이면 날마다
무엇을 얻기 위해

바랜 잎새
추억 한 아름 새기며

허공을 맴도는 바람처럼
날마다 그렇게

# 비가 오는 날에는

아린 눈물 흐르는 창가에 앉아
커피를 마시고 싶다

남몰래 숨어든 시린 정에
물안개 피어나는 그리움은

님의 그림자를 안고
하늘을 난다

갈대숲 젖은 낙엽 안고
얼룩진 영혼을 마신다

비가 오는 날에는
그렇게 혼자

# 목감기

어느 날

소리 없이 찾아와서
가슴을 차고앉더니

혼자 있을 때면
살며시 고개를 내민다

눈물 콧물에
신세 한탄 한 자락까지

목은 쉬어
소리 숨긴 채

# 버스

사랑과 미움도
만남과 이별도

상상의 나래
한아름 안고

너도 나도
모두 타고 간다

얻고
버리고

갈무릴 곳을 찾아
오늘도

# 불신의 벽(壁)

넘을 수도
무너뜨릴 수도 없는
상념들을 불러본다

은산철벽이 앞을 막아
한 걸음도 나아갈 수가 없다

공허한 메아리는 허공을 맴돌아
흔적 없이 사라지고

바람 부는 벌판에
홀로 선
하일 없는 허수아비처럼
헛손질만 분주하다

게으름
낭비
방일
불신의 벽을 안고

사벽(邪辟)을 마주한 채

※사벽(邪辟) : 마음이 간사하고 한쪽으로 편향된 것.

# 빈 화분

노오란 국화꽃
한 아름 가득
향기로 머물던

늦가을
텅 빈 가슴으로
외로움 안고 누웠다

낮이면
지나가는 벌 나비
일상이 번거롭고

밤이면
은하의 속삭임
옛이야기 정겨운데

언제쯤 다시
한아름 안아볼까
살가운 임의 향기

# 외로운 나그네 1

생의 문을 열면
미래의 꿈이 다가온다
형형색색 고운 옷 입고
향기로움 가득

비바람 불고
시련 골 깊어
자국마다 고인 눈물
가는 길이 힘들어도

삶의 끝자락 저만치
떨어지는 낙엽도
석양 등진 조각달도
어서 가자 손짓하네

# 시집(詩集)에는

깨알같이 모진
조그만 생명부터

넓은 우주 삼라에
보고 들은 느낌을

살아 숨 쉬는 감성으로
영원을 꿈꾸며

다소곳이 누워
눈 뜬 영혼을 새긴다

# 의자

세월도
소리 없이 쉬어간 자리

괴롭고 힘들 때마다
평온을 주고

즐겁고 기쁠 땐
행복의 쉼터 되었다

아

아득히 먼 옛날처럼
희미한 기억 속에

땅거미 지는 나무 그늘 입고
바래져 가는 몸으로 홀로 남아

오늘도 기다린다

삶의 지친 나그네
천근의 무게를

# 꿈

하얀 눈 덮인 세상
촘촘히 심은 꿈들이
모습 감췄다

하늘을 봐도
땅을 봐도
저 먼 민둥산

아지랑이 잠든 자리
희미한 기억들은
어느새

누운 바람으로 스며
젖은 옷자락
가슴 가득 상념의 꽃을 심는다

촘촘히 심은 꿈들이
숨은 자리에
홀로

# 흐르는 물

당신의 눈물
모두 안고 싶다

당신의 목마름
채워주고 싶다

때로는 나무 그늘
돌 틈에 쉬면서

더러는
천 길 낭떠러지에 몸을 던지며
끝없는 길을
오늘도 가고 있지만

한낮 땡볕
그을린 당신의 얼굴에
눈물로 흐르는
땀방울 되어

영원한 행복을
한아름 안겨 주고 싶다

# 하필이면

하필이면

부모 가슴에
애련(哀戀)의 한
가득 채우고

바람 소리
심장의 박동과 함께
영혼의 울림
아름다운 소리마저

볼 수도
들을 수도 없으며
말할 수도 없는
불편 한아름
장애를 안고 낳을까

하필이면

# 처마 끝 눈물

자욱한 안개
저 너머 희미한 초가

처마 끝
별빛 눈물은
아픔으로 스며들고

가슴 젖어 떨어지는
한 맺힌 통곡의 잔재
내를 이루는데

오늘이 가면 내일이 오듯
모진 사연들이
한 켜 두 켜 쌓인다

자욱한 안개
저 너머
희미한 초가

처마 끝
별빛 눈물이
빛 바란 장으로

※가슴 : 처마 끝을 표현한 작가의 시상.

# 아코디언

얼마나 그리웠으면
얼마나 사무쳤으면

가슴 속 깊은 골
애민 정
여린 바람에 시려 울며 떨고

부둥켜안은 상흔은
여울지듯 흐르는
잔별에 흐느끼며
찬 이슬 숨은 눈물로
통곡하는데

백옥교 층층이
끊어질 듯 이어지는
임의 자진 발소리는

구름 뒤에 숨어
실눈 뜬 아기 눈썹 저 멀리
소슬한 밤바람 타고
한이 되어 흐른다

# 커피를 마신다

눈물 가득
안개꽃 핀 호수에
몸을 던진다

추억의 장은
어느새
눈 깜박임에 찾아들고

함께 하던 자리
커피 향 짙은
잔속에 숨어 웃는다

흠뻑 젖은 당신의
향기를 마신다
그리움을 마신다

# 청춘이란 두 글자

힘들고 고달프다
괴로워하지만

세월이 지나
먼 훗날

황혼의 들녘에서
홀로

살아온 지난날을
돌아보면

얼마나
넘친 행복이었음을

젊은 날
청춘이란 두 글자가

# 3
# 어디에 있는가

# 마음 2

모래성 하나
한 겹 두 겹
옷자락으로 몸을 숨기고

누가 가르쳐 주지 않아도
웃고
운다

배고프면 밥 먹고
잠 오면 잔다

오고 가고
앉고 누워서

천만 가지
지혜를 감춘 채

오늘도 들숨 날숨으로
우주 삼라를 삼키고 있다

# 구름은

일성(一性)과
사대(四大)에
일고 스러지며
채찍을 가하는

유형(有形)
무형(無形)을 향한
정진(精進)의 거름이다

# 백자천손(百子千孫)

아들과 딸
손자 손녀
축복받은 분신이다

윤회의 과정에 얽힌
한생의 손익분기 정산

몇 천 만겁
수미산을 품어 안고
마음을 삼켜
지혜로도 알 수 없는
미진수(微塵數)의 양을
항하의 모래도 모자란
인성이 나툰 것이다

하루살이 눈물만큼도
사심이 관여할 수 없는
청정의 자리

너와 내가 따지지 않아도
자성의 굴렁쇠가 구를 때마다
깨끗하게 정산된다

잘나고 못난 외형적 판단은

토끼 뿔 지팡이를 논함이고
천륜과 윤리의 논리는
아기의 옹알이다

해와 달이
닳아서 없어질 때까지
받은 만큼 줘야 하고
준만큼 받는 것이다

※나툰 : 나타냄을 뜻함.

# 중도(中道)의 길

다른 사람을

미워하지도
원망하지도
시기하지도
사랑하지도 말라

이해심이 부족함으로
원망하는 마음이 일어나고
능력이 부족함으로
시기하는 마음이 생기며
사랑하는 마음으로
미워하는 마음이 생기나니

모든 일을
자신의 탓으로 돌려서
중도의 길을
조용히 걸어가라

# 스승

육신의 고통은
몸을 길들임이오

마음속 시련은
모난 마음 길들임이라

이 어찌
모두의
스승이 아니리오

# 그 자리

갈대 같은 마음
행위를 멈춰

형상에 물들지 않고
소리에 흔들리지 않으면

고요한 호수
태양을 통째 삼키고

송사리 꼬리 짓
완연히 드러난다

모래알 가슴
우주를 머금을 때

하늘은 땅이 되고
땅은 하늘이 된다

지금
너와 나는
어디에 있는가

바로
그 자리

# 목탁(木鐸)

삶의 흔적을 지우고
가슴을 비웠다
상흔을 지우고
마음도 비웠다

텅 빈 가슴에는
희로애락이 머물 수 없고
공허한 마음에는
잠든 바람도 머물 수 없다

비우고 채워라
따르르 딱딱
깨어서 일어나라
따르르 딱닥

자성(自性)을 삼킨
영혼의 절규
우주 삼라를 돌아
겨자씨 하늘에 스민다

# 윤회(輪廻)의 길

가시려나
오시려나

오고 감이 없는
이 세상에

긴 세월 맺은 정
불타서 식은 재

바람에 날려
티끌로 숨었는데

온들 무엇하며
간들 어떠리

어차피 텅 빈 공간에
헛바람만 가득한 것을

# 관악산 연주대(戀主臺)

하늘을 타고
도솔천에 올라

세상을 내려다보니
비통한 마음 금할 길 없어

애수(哀手) 끝 여린 바람에
심향(心香)을 담아

한숨 소리 깊은 골에
실안개로 흩는다

※심향(心香) : 마음의 향기, 영혼의 향기, 인품의 향기 등.

# 사공은

윤회(輪廻) 속
인연(因緣)이다

정신적(精神的
사유(思惟)다

무상(無常)한
삶을 업고 간다

피안(彼岸)의 언덕으로 인도하는
물이고 바람이다

공간 속 시간을 삼킨
피와 땀이다

# 삶으로

태어나는 순간부터
원(願)을 그리며
찾아 헤매다

이루지 못한 꿈만
가득 안고

한 생을
잃었다

# 참으로 선한 사람

악을 즐겨 하는 자여
선을 향해 노력하되
비관하거나 괴로워하지 말고

선을 즐겨 하는 자여
선을 즐기며 기뻐하되
자만하거나 뽐내지 말라

진정한 선악이란
선과 악이 아닐 때
선악이라 이름 하는 것이니

성자는
악한 자를 미워하지 않으며
선한 자 또한 칭찬하지 않는다

악한 자는 행을 바꿔
선한 자가 될 수 있기에
그를 미워하지 않으며

선한 자는 선행함을 자랑하여
스스로 교만해질 수 있음으로
그를 칭찬하지 않나니

진정한 선악이란
선과 악을
모두 버려 흔적 없을 때

성자는 그를 두고
참으로 선한 자라
크게 칭찬할 것이다

# 예선(藝禪)

미진수(微塵數) 가득한
희로애락(喜怒哀樂)

버린다
끊는다
사력을 다해

몸부림칠수록 다가오는
요염함 속에 감춰진
여유로움

천길 폭포수를
한입에 삼키고 앉아

해를 안고 태운 몸
재가 되어 날려도

허공을 돌아 다시
그 자리

미소로 다가오는
한가로움 속 넉넉함
정(靜)과 동(動)적 일상
즐겁고 환희로움을 잊을 때

번뇌(煩惱) 망상(妄想)은
들숨 날숨에 숨어
예선(藝禪)으로 잠든다

※예선(藝禪) : 참선이 아닌 모든 예술 속의 행선(行禪), 시끄럽고 혼탁함 속에서의 선(禪).

# 귀(耳)

동서에 우뚝 선
혼성(混聲)의 미로

남녀노소
희로애락과 함께
자연의 숨소리마저
모두 담는다

눈과 코와 입을 빌려
백회(百會)를 열고
세상 끝
하늘 닿는 곳까지

생존의 몸부림으로
통곡하는
소리를 담는다

잠든 영혼의 울림도 함께

# 욕심은

방일하여

노력 없이
얻고
쌓고
행복을 누리려 함이다

# 두레박

생사의 바다를 드나드는
한가로운 두레박

목마름을 적시고
배고픔을 달랜다

퍼도 퍼도
끊임없이 솟아오르는
감로의 샘물

인연을 건지고
꿈과 희망 가득
행복을 푼다

석양지는 길목 어귀
땅거미로 눈 가린 두레박이

어머니 가슴을 열고
지친 땀방울로

# 윤회(輪廻) 2

텅 빈 집에 가로 누워
분주한 하루

부(父) 모(母) 자(子)
모두 자유롭다

손 내밀어 잡는 길
멀고 멀어

한생 두 생
끝없이 돌고 돌아

노을빛 고운 오늘
여기에 머물었네

# 인연의 장갑

굶주림
병마와 시련에도
흔들림 없었다

가시밭길
천길 절벽도
두려움 없었다

산다는 게
마지막을 향한
인고의 길임을 알기에

뼛속을 파고드는 한기로
마음까지 움츠릴 때는
기도의 옷을 입었다

임 가신 길
눈보라가 칠 때마다
수행의 장갑을 끼웠다

시절 흐름 따라
새로움을 향한 길
인연의 장갑이 따사롭다

# 꽃잎이 질 때면

보고 싶다
임이

그윽한 눈빛
백발이 선연했던
내 생의
오직 한 분

뒷모습 스쳐오는
땀내음 속에 스민
말을 숨긴 가르침이
눈에 선하다

꽃잎이 질 때
바람 속에 숨어버린
임의 향기가
가슴 시리도록 그립다

바람 부는 날
꽃잎이 질 때면

# 생(生)

파란
생명의 향기
천지에 가득하다

움트는 소리 허공을 채워
가슴에 안긴다

해와 달
낮과 밤
쉬지 않고 한 겹 두 겹

포근한 구름 포대기로
따뜻한 가슴 열어
미소 짓던 날

그렇게 난다

# 인생길

알 수 없는 길

어디서 와서
어디로 가는지

해와 달이 함께
꿈타래 안고

삶이란 이름으로
오늘을 가지만

언젠가는 접어야 할
힘겨운 날개

어디서 와서
어디로 가는지

알 수 없는 인생길

# 가출(家出)은

연어가 고향을
새가 둥지를
사람이 집을 떠나는 것은
잠시의 외출

허공을 벗어나 머무는
태중(胎中)의 터널을 지나
다시 시작된 삶의 여정

가출은
마음이 떠나
다시는 돌아 머물지 않는
새로운 시작의 출발점이다

# 길 없는 길

눈 한번 깜박이면
천만리가 지척이고
공허한 메아리는
허공에서 자유롭다

상상의 나래는
걸림이 없고
해와 달은 동서남북
무한년을 헤맨다

안개 너머
저 먼 빈
거미줄처럼 얽히고설킨
운명적 삶 뒤에 숨은 길

# 원(圓)의 길

시작과 끝을 알 수 없는
흐름 속에서
끝없는 길을 간다

어두운 터널
또 다른 세상
고고성을 울리면서 난다

넘어지면 일어나고
뒹굴다 누워
가득한 꿈 안고

선 따라 도는
밤과 낮술에 취해
세월이란 이름으로 함께 간다

어디서 온 줄도
어디로 가는 줄도 모르고
허깨비 같은 삶의 옷을 입고

# 죽음(死)

파란 잎은 빛을 잃고
아름다운 꽃도
향기를 흩고 스러진다

푸른 하늘은
눈물 가려 혼탁함으로
스러진 영혼을 달래고

대지는
연민의 정으로
식지 않은 몸을 품는다

바람도 고개 숙여
목울음으로
몸부림치고

동녘 달은
온몸으로 길 밝혀
홀로 통곡한다

# 그리운 임

고향 길 굽이굽이
추억 꽃 수놓을 때
문풍지 안고 우는
소슬한 가을바람

코끝을 파고드는
그리운 임의 향기
국화꽃 홀로
숨어 우는 흐느낌

베갯머리 감춘 눈물
소리 없이 흐르고
세파의 모진 사연
잿빛으로 물든다

길 잃은 달빛은
한숨으로 머물고
가슴골에 감춰진
그리운 임의 손 잡을 길 없네

# 모정(母情)

춘삼월
꽃보다 아름답고 따사로웠다
한여름
땡볕보다 뜨겁고 살갑기도 했다

해와 달이 숨은
사계가 어느덧
늦가을 빛 바란 잎으로 1

그림자 앉은 자리에
하늘과 땅을 안고 홀로 누워
쉼 없이 흐르는
애잔한 강물 되어

수평선 저 넘어
꿈과 희망 가득 담은
당신의 영혼마저 모두 주었다
조금도 남김없이

그렇게

# 화두(話頭)

비롯함이 없는 시작

소리 없는 울림

형상 없는 모습

결과 없는 매듭으로

우주 삼라가
겨자씨 밀알로 숨었다

# 수행(修行)

한 생각
알음아리를 안고
바다에 뛰어들었다

굳고 여문 잔재들
씻고 씻어도 끝이 없으니
이 노릇을 어떡해야 하나

할 수 없지
내세를 기약하며 씻는 수밖에
바닷물이 마를 때까지

# 4
# 세상 속으로

# 시인(詩人)의 꿈

해와 달을 양손에 쥐고
숨은 세월과 삼라를 걸으며
영혼과 생명의 끈을 잇는
싱그러운 산소이고 싶다

파아란 하늘 구름 날갯짓
들숨 날숨의 춤을 추는
푸른 초원의
꽃잎 안은 벌 나비이고 싶다

한 자 한 자
시어 속에 숨어 살아 숨쉬는
감성의 울림으로
하얀 설경 위에 새겨진 시구(詩句)들이
그 모두였으면 좋겠다

지나가는 삶의 자국마다
행복이 가득했으면 더욱 좋겠다

그랬으면
정말 좋겠다

# 수박씨는

노을빛
고운 가슴에 안겨
깊은 잠 달콤한 꿈은
여린 파도로 출렁인다

어디로 가야 할지
알 수 없는 미로에서
감춰진 영혼을
순리에 맡긴 채

그을리다 못해
까맣게 타버린 몸
새 삶을 찾아 떠나야 하는
여로

여명의
아름다운 꿈이
연분홍
곱게 익을 때까지

# 이슬방울

칠흑 밤
천년의 사연 담은
하늘 눈물 한 방울

외진 산모퉁이
임 오시는 길에
풀베게 하고 누웠다

동살이 밝으면
떠나야 하지만
해후의 설렘에 젖어

온몸이 녹고
영혼마저 흔적 없이
우주를 삼킨다

돌아갈 길
아득히 저 먼
은하를 잊은 채

# 오월의 편지

참새 입 닮은
아기 싹
곳곳에 피는 꽃

파란 하늘 등진
꽃향기에 취한
벌과 나비

사랑과 이별에
기쁨과 슬픔의
비를 내린다

영원함은 없기에
마음의 소리 삼키며
눈물 가득
오월의 사연을 담아

# 공작새의 일상

무지갯빛
꿈과 희망으로

사랑도 미움도
삶의 희로애락도

한 폭의
그림으로 담아

한 뼘
우주를 향해 펼친다

일상의 잦은
춤사위인 줄 알면서도

해와 달을 담은
영롱한 깜박임으로

# 향수(鄕愁)

기러기 둥지 떠나
지친 날개

임 그리운 눈물
베갯잇 적시고

밤이슬도 서러워
달빛에 스며 울 때

쉬어버린 목울음에
잠 못 드는 밤

오동은 홀로
청춘가를 부른다

# 6월은

보고
듣고
느끼며 달려온 삶의 흔적

얻은 것도
잃은 것도
변함없는 그 자리

이마에 주름 늘고
희망의 끈 느슨한데

초록 물든 산과 들에는
벌 나비 춤춘다

저 먼 민둥산 노을은
스멀스멀 물들어 가는데

애기 꽃은 땅거미에 누워
이른 잠을 청한다

# 낙조

삶의 질곡
무거운 짐 지고

걷고
뛰어

붉은 구름
숨어드는 옷자락 잡고

주름진 얼굴
가쁜 숨 몰아쉬며

고운 임
그림자 따라

서산 저 너머로
간다

그렇게
홀로

# 바람은 1

보이지 않아도
아기 옹알이로
잠이 든다

앞뜰 꽃
볼 간질이다
숨어

석양 고운 빛 타고 들려오는
뻐꾸기 울음소리에

꽃구름 한아름 안고
끝없는 길을 떠난다

# 버들강아지

옷깃에 스민 바람
개울 따라 흐른다

겨우내 움츠렸던
깊은 잠 깨어
솜털 옷 시린 몸 감싸고

골골이
벌 나비 춤추는 따사로운 봄날
실눈 뜨고 반긴다

# 봄

푸른 들판
올올이 향기 품어
설레는 가슴

작은 새는
꿈 나래로 맴돌고

햇빛 반짝임은
하얀 라일락꽃으로
내려앉는다

벌 나비
행복에 취한 춤 사래

치맛자락 여민 석양은
서산에 누웠다

어둠 속 저 너머
내일을 바라보며
봄 향기 가득 담고

# 사계(四季)

봄이 되면
새악시 수줍은 자태로
눈 뜬 꽃

여름이면
젊음의
초록빛 희망 넘친다

가을 되면
결실의 환희로
고운 옷 갈아입고

겨울 되면
삶의 시름 달래 안고
깊은 잠에 빠진다

새봄을 꿈꾸며

# 조약돌

아픔
설움에 울었다
기쁨
행복에 웃었다

맑았다 흐렸다
들쭉날쭉
종잡을 수 없는 삶

비가와도 늘지 않고
가물어도 줄지 않는
파도에 밀려 머문 자리

봄
여름
가을
겨울

수평선 너머 밀려오는 파도
몸으로 부딪쳐 넘어야 할 산이다

# 소나무

허공을 이고 선
절개

넓은 가슴으로
대지를 감싸 안는다

외로운 길손
근심 달래준다

비바람 눈보라에도
흔들림 없이

오늘도
그 자리에서

# 개펄

티끌보다 작은 혼탁함이
언제부터인가

바람에 날리고
파도에 밀려

눈 설고 낯설어
아무도 반기지 않는 외진 곳에

생존의 몸부림이
눈물로 굳어

또 다른 삶의 터전
개펄로 태어났다

# 장맛비가

사흘 굶은
시어머니 용심인가

시집 못 간
시누이 심술인가

오는가 하면 그치고
멎는가 하면 퍼붓고

개미 눈물만큼
흙바람 이슬처럼

변덕에 죽 끓듯
허구한 날 시도 때도 없이

종잡을 수 없이
구구스럽게 내린다

긴
장맛비가

# 커피 사랑

코끝을 파고드는
정(情) 익은 향기

눈길 머문 잔속에
웃고 있는 당신

입맞춤으로 속삭이는
한 마디

사랑해

# 그날의 추억

산에 가면
문디 아가씨 있어
진달래꽃 뒤에
꼭꼭 숨어 있다

그런 게 어디 있어
거짓말

말 안 들으면
잡혀간다

하지 말라는 것은
더 궁금하다

가쁜 숨 몰아
앞산에 오르면
진달래는 수줍은 듯
미소로 반긴다

산에 가지 말라는
어머니 말씀은
바람 안고 살며시
구름 뒤에 숨는다

※문디·문둥이 : 나병의 방언.

# 홍시

한여름
외갓집 가면
외할머니의
온화한 미소에 끌려
뒷마당을 돌아
장독을 연다

소복이 쌓인
왕겨를 헤치면
깊은 잠에서 깨어난
갓난아기 볼처럼
빨간 홍시가
배시시 웃고 있다

해마다 여름이 되면
뒤 칸 마루에 앉아
한 술 두 술
입맛 함께 다시며 먹여주시던
외할머니의 사랑 속에 잠든
홍시가 생각난다

# 낙화의 비련(悲戀)

영혼이 시린 땅에서도
아름다운 미래를 생각하며
살을 에는 아픔도
참고 견뎠다

꽃이란 이름으로
하루를 살아도
후회 없는 삶을
살고 싶었다

짧은 시간
몸은 떠나지만
그리움 가득 추억을 남기고
행여 임 보실까

바람에 안겨
도홧빛 얼굴로
숨어 잠든다

# 녹음(綠陰)

살을 에는 바람
눈보라 시린
고난의 길 지나

아픔 삼킨 눈물로
인고의 시간 속에서
붉은 태양을 안는다

아지랑이 손놀림 따라
한 겹 두 겹 쌓인
갈망의 옷 입고

내일을 향한
손놀림
허공과 하나 된 마음으로

어제도
오늘도
푸른 내일을 맞는다

# 다듬이질

걷고
달리고
넘어지고
만신창이 된
몸

씻고
말리고
밥 먹여 뉘어놓고

넘어지지 말라고
뚝닥 뚝닥 뚝닥 뚝닥

더럽히지 말라고
뚝닥 뚝닥 뚝닥 뚝닥

번지르르 윤기가 흐르도록
뚝닥 뚝닥 뚝닥 뚝닥

별들도 잠드는 밤
주인님 옷맵시에 비단결 드리워

뚝닥 뚝닥 뚝닥 뚝닥
정겹기도 하다

# 늦가을

파란 하늘 따사로운 햇살
한가로운 감나무 가지에
여인의 얼굴은
수줍어 붉고

빨간 고추잠자리
산들바람에 사뿐히
빛 바란 잎새에 앉아
한가롭다

외진 길모퉁이
이슬 머금은 꽃잎은
국화 향 가득 담고
누구를 기다리나

태어나서 걸음마로
철부지 소년 시절 청춘인가 했더니
하얀 머리 주름진 얼굴이
어느새 늦가을 빛 바란 잎새 같구나

# 독백(獨白)의 눈물

빗속을 거닐며 속삭인다
하늘도 함께 울며

꽃을 보며 말한다
흐르는 눈물로

세월에 밀려 바랜 모습
누가 들어주지 않아도

슬픔 안은 호수가 울렁이는 곳
연민의 손 내민다

바다 밑
드러낼 수 없는 상흔들이

울림의 아지랑이로
허공을 맴돈다

억눌렸던 삶의 무게를
세상에 내려놓고

빗속을 거닐며 속삭인다
하늘도 함께 울며

# 민들레 사랑

하얀 밤
애타게 기다리는
당신

날마다
만남에 웃고
이별에 웁니다

실바람 속삭임에도
기다림에 지쳐

희어버린 몸과 마음
한 올 한 올

당신의 향기 찾아
허공을 헤맵니다

# 밥주걱

손바닥만 한 체구에
왜소한 얼굴

사랑하는 마음으로
공기 가득
희망을 담는다

아침에는 꿈을
점심에는 열정을
저녁에는 성취의 기쁨을

하루를 품어 안은
생명의 끈

쌀 한 톨의 정성을 모아
행복을 담는다

# 붓 1

천년의 꿈
영원을 찾아

술 취한 듯
길을 걷는다

임 찾아 헤매다
숯덩이 된 가슴으로

오늘일까
내일일까

걸어온 자국마다
흔적 남긴다

천년의 꿈
영원을 찾아

# 비목(碑木)

아무도 찾지 않는
푸섶길 비탈진 곳

밤이슬 여린 눈물
고요마저 숨이 멎어

임의 가슴 쓸어안고
홀로 우는 비목(碑木)이여

한 많은 생의 옷자락
달빛으로 잠재우고

허허로운 이 세상
얽히고설킨 사연

매듭 엮인 삶의 몽우리
비목으로 꽃 피우리

※푸섶길 : 풀과 잡목이 우거진 길.

# 소반(小盤)의 소묘(素描)

분주한 일상
모래알 같은 상념들

만나고 헤어짐에
애잔한 사연

반짝이는 은하의
속삭임을 담는다

실안개처럼 피어오르는
꿈 나래는

꽃향기 가득
바람으로 날고

살가운 정은
임의 꽃 가슴에 머문다

# 수세미

혼탁한 세상
산란한 마음 흩어질까

따사로운 빛살에
희망 가득

거미의 손놀림으로
미로를 만들어

올올이 엮은
사연 속에서

가슴 깊은 곳 아픔
실안개 꽃 피어

덕지덕지 쌓인
사랑의 손길 향기롭다

# 지팡이

천리 길도
한 걸음이란 말

넌 무엇이든 할 수 있어
격려의 말

참 잘했어
칭찬의 말

수고했어 고마워
감사의 말

사랑한다는
따뜻한 한 마디

말 한마디의 지팡이는
꿈과 희망을 성취한다

# 백두산(白頭山)

한 서린 구름도
가슴 치며 통곡하고

눈물은 산타고
계곡 따라 흐른다

소리 없는 외침은
바다를 덮고

흑까마귀 둥지에
찬 서리 내리는데

시류의 꿈
멈출 수 없어

하늘 위에 올라
해와 달을 품었다

# 한라산(漢拏山)

천년
만년

세월 꽃 질 때마다
모정의 눈물로

은하수 별빛 따다
여린 가슴에 심는다

다져 맨 치마끈
한숨소리 깊은 밤

거센 파도에
구름배 타고

황토 빛 내음으로
단장을 삼킨다

# 휴대폰은

일어나세요
약속 시간입니다
잘못 입력되었습니다
무엇을 도와드릴까요

손바닥 만 한
작은 체구에
사람보다 더
기세가 당당하다

하나를 물으면
열이 작용하고
한 가지를 찾으면
백답을 준다

시와 때를 가리지 않고
삶의 길 찾아
지식을 쌓아 갈무린
없어서는 안 될 분신이다

# 5
# 꽃망울마다 사랑이

# 난초 3

산바람 등에 앉아
석양빛 안고

흔들리는 옷자락에
향기 더욱 짙어

취한 마음에
멈춰버린 시간이

꿈속 월궁 아씨
품인 듯 황홀하다

# 난초 4

산비탈 외진 언덕
따사로운 봄날

시름을 달래주는
누이의 엷은 미소

오롯한 모습에
무언(無言)의 손짓은

노을에 취한
아름다움 빛으로

지나는 길손
가슴에 숨는다

# 낙화 1

꽃바람 손에
곱게 핀
봄 새악시
아름답기도 하다

바라볼수록
행복 가득한 모습
세월의 그늘 속에 숨은
잠든 바람 일어

향기 담은 꽃잎은
저녁노을 고운 빛 안고
가슴 한 아름
꽃비 되어 내린다

# 매화 2

동지섣달 설한풍
하얀 가슴에

빨간 꽃물 드린
예쁜 옷 입고

임 오시는 길 바람에
향기로 안겨서

가시는 길 자국마다
그림자로 따르리

# 해바라기 꽃

당신만을 사모하던 여린 마음
소녀의 안개 꿈은
촉촉이 젖은 사연으로
민둥꽃 가슴에
알알이 심어두고

구름 뒤에 숨어 우는
추억은
아린 그리움 되어
밤이슬 안고 흐르는데

기다림에 지쳐 흐느끼는
여인의 모습이
너무나 애처로워
달빛도 빈 하늘에
홀로 누워 탄식한다

넋 나간 사람처럼
귓불을 더듬는 바람에
몸을 맡긴 채
고개 숙인 너를 보며

# 하얀 국화

너무나 보고 싶어
잊을 수 없어
흐르는 눈물
목을 안고 애절한데

하얀 꽃잎 솔기 솔기
수놓을 때마다
미소 지으며 다가오는
정다운 얼굴

동구 외진 길
모퉁이에서
무지갯빛 향기로
오는 임 반긴다

# 국화 꽃향기

한 여름 긴 장마에
모진 시련 겪더니

이슬 시린 바람에
홀로 아름다워

지나는 길손마다
손 흔들어 반기니

사랑 담은 임의 향기
꿈속에서도 취한다

# 대나무 2

바랜 듯 푸른 잎
여린 듯 곧은 몸

비바람 눈보라에도
꺾이지 않는다

마디마다 텅 빈 가슴
굳은 절개 품어 안고

달 밝은 밤 홀로
은하의 꿈 담으려고

한가로운 구름 너머
하늘 끝에 닿았네

# 밤꽃

초승달
구름 타고 흐르는 밤

별빛 내려앉아
한 잎 두 잎
백옥수를 놓는다

꽃내음은
풍경 안아 우는데

어우러진 춤사위
달콤한 정에
여명이 밝아온다

# 빨간 장미꽃

타는 가슴 품어
임 기다리는 아낙네

방망이질 가슴에
홍당무가 되었다

빨간 소녀 시절
아름다운 꿈

사랑의 향기
가득 담았다

바람에 춤추며
임 오시는 길에

# 난심(蘭心)

여린 잎새
실바람에 나부끼면

새 악시 버선코에
안개꽃 피어

이슬 머금은 향기
입안에 가득하다

흥겨운 춤사위에
땀내음도 향기롭고

석양은 어서 가자
서산을 넘는데

어느 때 임을 만나
난심(蘭心)을 전할까

# 벚꽃

은하수 물결
메마른 가지에 수를 놓는다

마음속에
하얀 그리움 남기고

멀지 않은 날
돌아갈 꿈 꾸며

뽀오얀 이 수줍어
미소 짓는 벚꽃

# 매화 향기

눈보라 속
여인의 곧은 정절

태고의
고결한 뜻

청아한 모습으로
옷깃 여며 단정하니

봄소식도 눈발인 양
가지마다 서리고

성긴 그림자 누운 자리
봄 향기 가득하다

# 춘난(春蘭)

요염한 듯
고고한 자태

영혼마저 취하는
그 향기에

누군들 그대를
흠모하지 않으리

# 야생화

세찬 비바람도
지쳐 머무는
비탈진 언덕배기
바위틈에 기댄
여린 몸

한낮
따사로운 햇볕
실바람 자장가에
게슴츠레한 눈으로
스르르 잠이 든다

잠자리 한 마리
손놀림이 간지러워
살포시 실눈 뜨고
바라보는 파란 하늘에
행복이 가득하다

# 이름 모를 풀꽃

아무도 찾지 않는
산비탈 길모퉁이
낮과 밤이 지나가도
반기는 이 없는데

흙먼지 분단장으로
눈웃음 감추고
춤추는 산들바람에
홀로 흥겨워

석양빛 고운 햇살
가슴에 안고
미소 짓는 얼굴로
길손을 맞는다

## ▮ 시집 끄트머리에

2019년 6월 '능인의 허튼소리' 첫 시집을 선뵈었는데 어느새 찰나의 눈 깜박임에 2021년 초여름의 문턱이다. 지나온 생(生)을 돌아보면 절망 또한 소중한 삶, 그 모든 아픔을 날줄 씨줄로 올올이 엮어 서정 그릇에 담으러 행복사(幸福寺)에서 먹물 옷에 몸을 담고 앉았다.

보이지 않는 마음, 형상 없는 소리를 찾아 허공에 던진 가슴의 화살은 아직 돌아오지 않았다. 그러나 한가림 번뇌(煩惱)가 번쩍이는 감성주(感性酒)에 취해 토한 오물들을 씻고 다듬는 두 번째 시집 '오늘도 그 자리에서'를 퇴고한다.

'오늘도 그 자리에서'는 첫 시집 출간 후 미처 정리하지 못한 달고 쓴 시뿐만 아니라 혼탁한 세파에 나뒹굴며 뜨거운 감성의 기도로 캔 모래 속 진주를 종교적이 아닌 서정의 혼으로 다듬었다.

때로는 관념적으로 어렵게 쓰기도 하고, 더러는 소년의 감성으로, 더 나아가서는 여성의 감성을 끌어들이기도 했다. 가능한 스님의 종교적 시상을 자제하면서 비종교인들뿐만이 아니라 타종교인들도 신선하게 다가설 수 있도록 노력했다.

동서남북 상하좌우 허공의 시상 씨앗을 한 알 한 알 모아 시집의 화분에 싹 틔우려 일념매진한 시간이 벌써 2020년을 뛰어넘어 2021년 5월 초도 지나고 있다.

언제나 그렇듯이 돌아보면 만족함보다는 후회가 많은 인생사처럼 시 또 한 부족함이 많다. 그러나 허허로움 속에 홀로 있을 때 따사로운 손 내밀어 잡아주는 독자 여러분들의 관심과 격려가 있음을 믿어 용기를 낸다.

이제 수행승이란 이름으로 정진의 수레를 타고 가는 나그네의 어수룩한 독백을 넘어 한 발 더 매진한다는 마음으로 용기를 내어 출간하게 됨을 감사드리며, 사랑담은 냉정한 채찍의 매를 기다린다.

2021년 5월 입하 날에

**노 신 배**

노 신 배 제2시집

오늘도 그 자리에서

2021년 5월 10일 초판 인쇄
2021년 5월 15일 초판 발행

지 은 이 ‖ 노 신 배
발 행 인 ‖ 정 병 국

펴 낸 곳 ‖ 도서출판 지식과사람들
등록번호 ‖ 제2-3436
주　　소 ‖ 서울 중구 충무로2길 20. 3층(충무로 4가)
대표전화 ‖ 02-2277-7674
E-mail ‖ jisik1198@naver.com
ISBN ‖ 978-89-94571-56-0

값 12,000원